Stefanie Benz

Trendige TASCHEN nähen

CV

INHALT

Heima

VORWORT

Strandtasche, Retrotasche & Co. – es hat mir so viel Spaß gemacht, diese Modelle für dich zu entwerfen, mit den verschiedenen Stoffen zu experimentieren und die Designs zu gestalten.

Bist du Nähanfänger*in? Dann sind die Taschen genau das Richtige für dich! Mit etwas Geschick kannst du schnell einen neuen Begleiter für dich oder ein Geschenk für einen lieben Menschen zaubern. Nähprofis können sich mit den vielfältigen Textilien austoben.

Ich wünsche dir entspannende Nähstunden – denn Kreativität streichelt die Seele!

Unter https://verlagshaus24.de/trendige-taschen-naehen kannst du die Vorlagen für dieses Buch auch herunterladen.

KLEINES NÄH-ABC

GRUNDMATERIAL

Folgende Dinge werden benötigt und sind in den Anleitungen nicht noch einmal gesondert aufgeführt:

- Nähmaschine
- Stecknadeln oder/und Stoffklammern
- Handnähnadel
- Transparentpapier und Stift
- Rollschneider mit Schneideunterlage
- Markierstift
- Lineal
- Maßband
- Stoffschere
- Papierschere
- Bügeleisen und Bügeltuch

STOFFSEITEN

Jeder Stoff hat eine rechte und eine linke Stoffseite. Die rechte Seite ist die *Schauseite* des Stoffes. Wenn es also heißt „die Stoffteile rechts auf rechts aufeinanderlegen“, zeigen die rechten Schauseiten nach innen und die linken Seiten nach außen.

NAHTZUGABE

Wird ein Stoff zu nah an der Schnittkante genäht, reißen Stoff und Naht leicht aus. Daher werden die Stoffteile mit einem gewissen Abstand zu den Schnittkanten, der so genannten *Nahtzugabe,* zusammengenäht. **In den Zuschnittmaßen zu den Modellen dieses Buches sind Nahtzugaben von 1 cm enthalten; bei den Schnittteilen müssen sie noch hinzugefügt werden, falls nicht anders angegeben.**

SCHNITTTEILE

Die Schnittteile auf Transparentpapier abpausen, dabei alle Markierungen übertragen. Schnittteile entlang der Außenkontur ausschneiden.

STRICH

Bei Cord, Nicky oder Samt hat der Flor eine Strichrichtung: *Mit dem Strich* legen sich die Härchen flach, *gegen den Strich* stellen sie sich auf. Da sich die Stoffoptik dadurch verändert, stets auf die im Schnittteil angegebene Richtung achten.

ZUSCHNEIDEN

Das Schnittteil auf die linke Stoffseite stecken und mit dem Markierstift die Kontur aufzeichnen. Dann die Form mit einer scharfen Stoffschere ausschneiden. Soll ein Teil im *Stoffbruch* zugeschnitten werden, dafür ein ausreichend großes Stoffstück falten – die Faltkante wird als Stoffbruch bezeichnet – und die entsprechende Kante des Schnittteils genau an die gefaltete Stoffkante legen. Dann gleichzeitig durch beide Lagen schneiden.

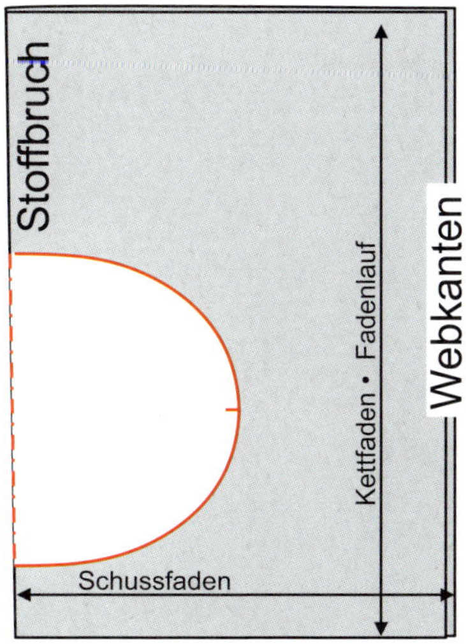

Ein seitenrichtiges und ein seitengespiegeltes Teil lassen sich leicht in einem Arbeitsschritt zuschneiden, indem das Schnittteil auf den doppelt gelegten Stoff gezeichnet wird. Dann gleichzeitig durch beide Lagen schneiden.

STECKEN UND HEFTEN

Bevor Stofflagen zusammengenäht werden, sollten sie fixiert werden, damit beim Nähen nichts verrutschen kann. Stecknadeln können längs oder quer (a) zur Naht gesteckt werden. Das Einstecken in Querrichtung hat den Vorteil, dass sie während des Nähens leicht sukzessive aus dem Stoff gezogen werden können. Das ist praktisch, wenn man etwas Näherfahrung hat und vielleicht auf das Heften als Zwischenschritt verzichten möchten. Außerdem kann man quer gesteckte Nadeln auch mit der Nähmaschine übernähen und erst nach Beendigung der Naht aus dem Stoff ziehen.

Anstelle von Stecknadeln können die Stofflagen an der Außenkante mit kleinen Klammern zusammengehalten werden. Dies ist insbesondere bei beschichteten Stoffen, wie z. B. Wachstuch, empfehlenswert, weil Stecknadeln darin unschöne Löcher hinterlassen.

Etwas aufwendiger, aber verlässlicher ist das zusätzliche Anbringen einer Heftnaht (b). Dies kann von Hand mit großen Vorstichen, aber auch mit der Nähmaschine geschehen: Dafür die Fadenspannung lockern und eine große Stichlänge einstellen. Darauf achten, dass die Heftnaht innerhalb der Nahtzugabe knapp neben der späteren Nahtlinie liegt (c). Nahtanfang und -ende werden nicht gesichert – so lässt

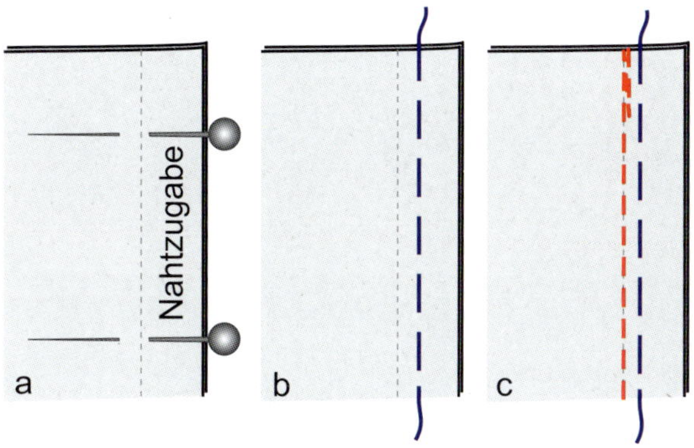

sich der Heftfaden später schnell entfernen bzw. einfach wieder herausziehen. Beim Heften vermeiden, dass sich die Stofflagen zwischen den lockeren Stichen verziehen und ggf. den Stoff mit der flachen Hand immer wieder glätten.

NÄHEN

Mit kleinem Geradstich auf der Konturlinie (= Nahtlinie) nähen. Ansatznähte von Teilen, wie z. B. Träger oder Aufhänger, werden besonders stark beansprucht. Daher diese Stellen zwei bis drei Mal mit Geradstich übernähen.

NÄHTE SICHERN/ VERRIEGELN

Eine Nähmaschinennaht muss am Anfang und Ende vernäht, also *verriegelt* werden, sonst löst sie sich auf. Am Nahtbeginn drei bis vier Stiche vorwärts nähen, dann die Rückwärtstaste drücken und zwei bis drei Stiche zurück nähen, anschließend wieder vorwärts nähen. Am Nahtende gegengleich verfahren.

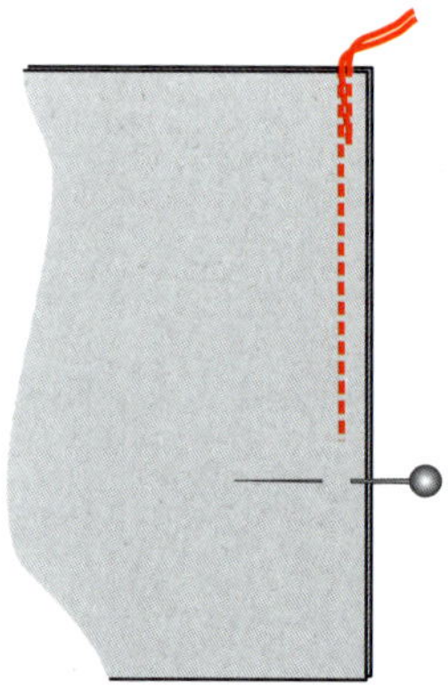

NAHTZUGABEN BESCHNEIDEN

Die Nahtzugaben werden nach dem Zusammennähen der Teile bis auf ca. 5 mm vor die Naht zurückgeschnitten – jedoch nicht an einer Wendeöffnung. Hier werden sie benötigt, um die Öffnung zu schließen. An Rundungen die Nahtzugaben in gleichmäßigen Abständen mehrmals quer bis knapp vor die Naht einschneiden, damit der Stoff sich nach dem Wenden sauber in die Rundung legen kann. An Ecken oder Vertiefungen die Nahtzugabe quer bis knapp vor die Naht einschneiden. An Spitzen bis knapp vor die Naht quer wegschneiden.

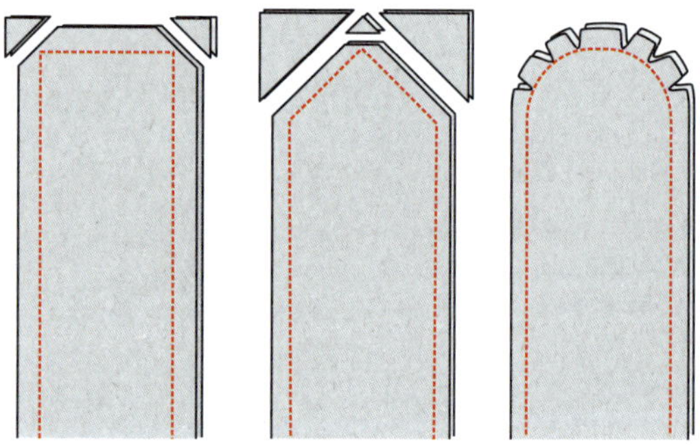

VERSÄUBERN

Um das Ausfransen von Schnittkanten zu verhindern, können diese mit schmalen Zickzackstichen (a), oder mit einem Overlockstich (b) versäubert werden.

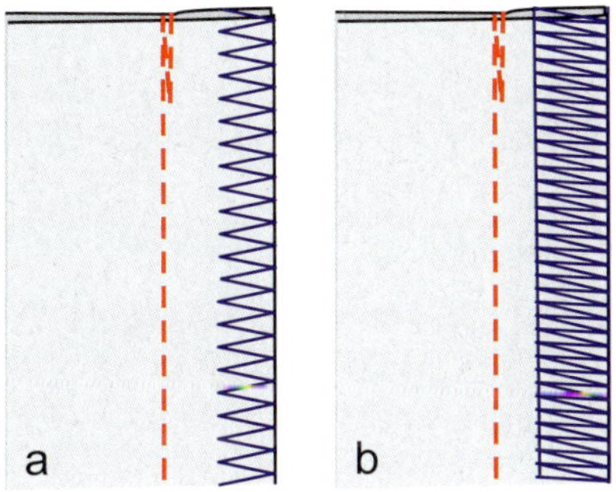

WENDEÖFFNUNG SCHLIEßEN

Mit der Nähmaschine: Die Nahtzugaben der Wendeöffnung nach innen falten und die Bruchkanten bündig aufeinanderstecken. Dann die Bruchkanten knappkantig mit kleinen Geradstichen zusammensteppen.

Von Hand mit Matratzenstich (auch Staffier- oder Leiterstich): Die Nahtzugaben in der Öffnung auf jeder Seite bis zur eigentlichen Nahtlinie nach innen klappen. Am letzten Stich der Naht unter der Nahtzugabe von innen nach außen mit der Nadel durch den Stoff ausstechen, 1–2 mm daneben wieder zurück stechen und den Faden anziehen, bis der Knoten festsitzt. Unter der Stoffbruchkante die Nadel 4–5 mm weit hohl nach vorne durchführen und im Stoffbruch nach oben ausstechen. Den Faden dann quer über die Mitte zur gegenüberliegenden Bruchkante legen, einstechen und dort ebenfalls wieder unter der Stoffbruchkante 4–5 mm weit die Nadel hohl nach vorne durchführen. Dies fortlaufend bis zum Ende der Öffnung wiederholen. Den Faden straffziehen, sodass die Stoffkanten „zusammenrutschen" und der Nähfaden nicht mehr sichtbar ist. Am Ende der Öffnung den Nähfaden verknoten und vernähen.

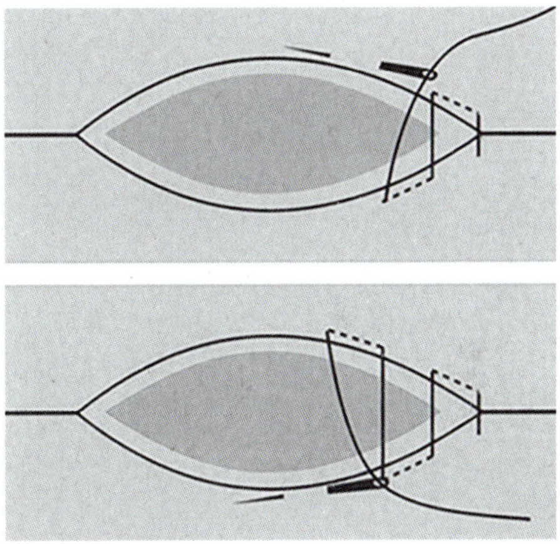

KREISSCHNITTTEIL

Ein Quadrat, etwas größer als der gewünschte Kreisdurchmesser, auf Seiden- oder Schnittpapier zeichnen und ausschneiden. Dann das Quadrat zwei Mal zur Hälfte falten.

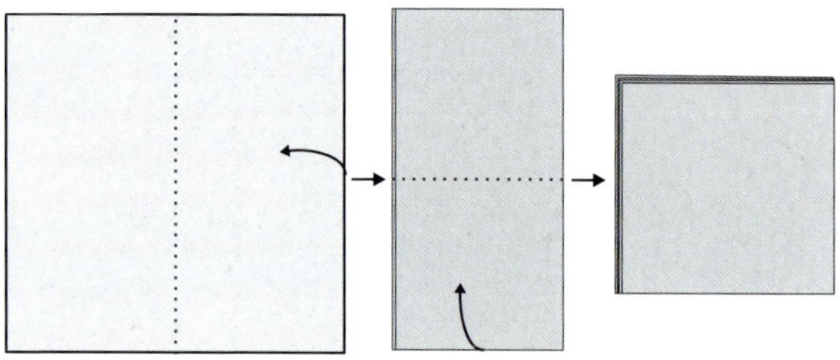

Vom Mittelpunkt ausgehend, fächerförmig den entsprechenden Kreisradius abmessen und die Endpunkte mit Bleistift anzeichnen. Dann die Endpunkte verbinden.

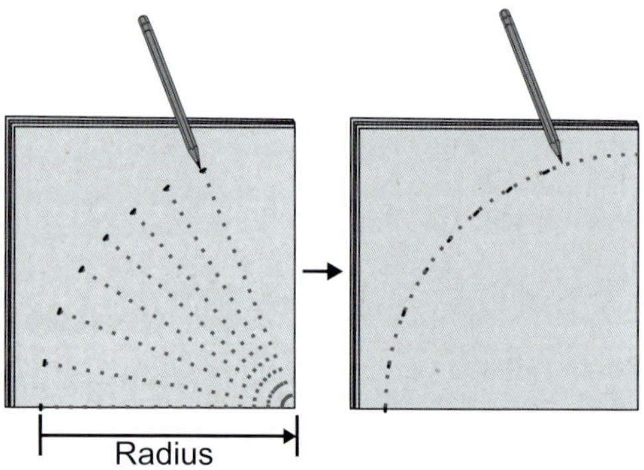

Den entstandenen Viertelkreis entlang der Linie ausschneiden, das Papier auseinanderfalten und fertig ist das Kreisschnittteil.

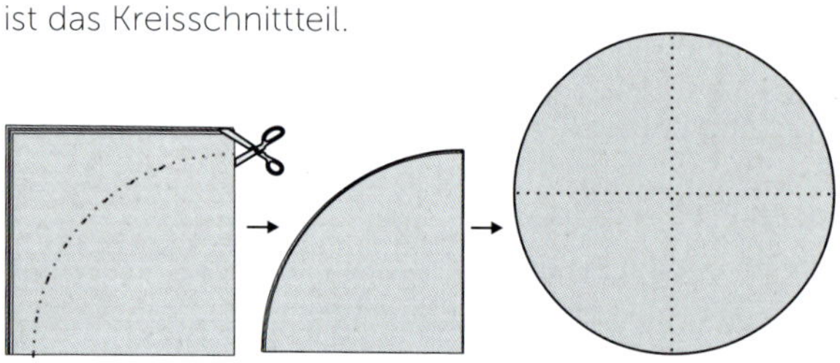

BODENDREIECK

Durch ein abgenähtes Dreieck kann man schnell und einfach einen „Boden“ in einem Beutel erzeugen, sodass dieser mehr Tiefe und Stand erhält. Dafür die Seitennähte bzw. die seitlichen Bruchkanten jeweils auf die Naht bzw. die Bruchkante am unteren Rand (= Bodenmitte) legen und laut Abbildung auf beiden Seiten je ein Dreieck quer abnähen. Die Größe der Dreiecke wird in der jeweiligen Anleitung angegeben – das Maß bezieht sich auf die abzunähende Strecke. Die Dreiecke bis auf 1 cm vor die Naht zurückschneiden und die Schnittkanten mit Zickzackstichen versäubern.

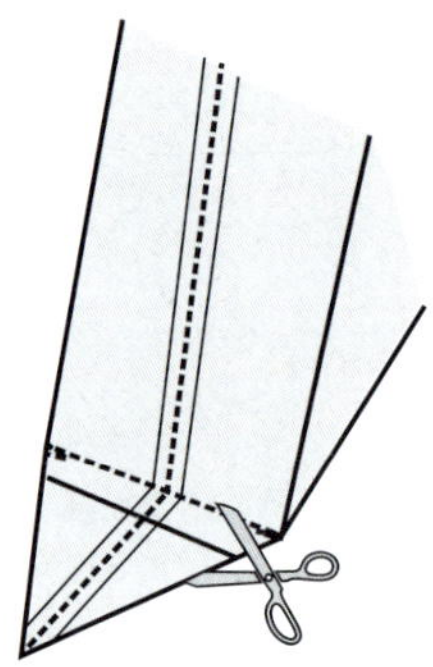

FRANZÖSISCHE NAHT

Diese Naht wird gerne bei sichtbaren Nähten an feinen, durchscheinenden Stoffen verwendet. Naht und Nahtversäuberung werden hier kombiniert, die Schnittkanten sind in der Naht eingeschlossen und müssen daher nicht extra versäubert werden.
Die Stofflagen links auf links legen und mit 1 cm Nahtzugabe zusammennähen. Die Nahtzugaben auf 3 mm zurückschneiden.

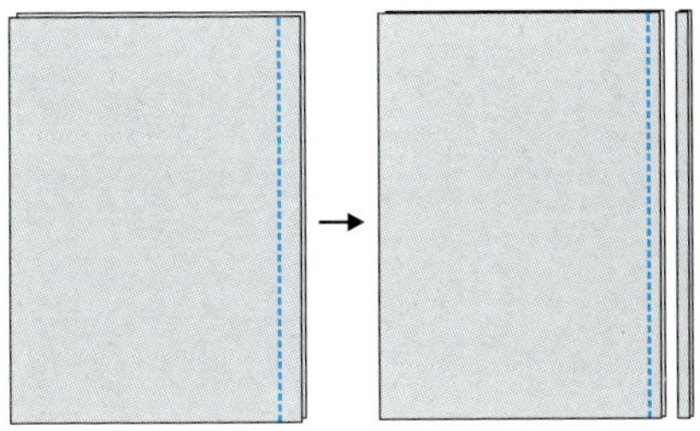

Dann die Lagen rechts auf rechts genau in der Naht falten und den Nahtbruch flach bügeln. Eine zweite Steppnaht (hier rot) im Abstand von 5 mm zur Nahtbruchkante ausführen.

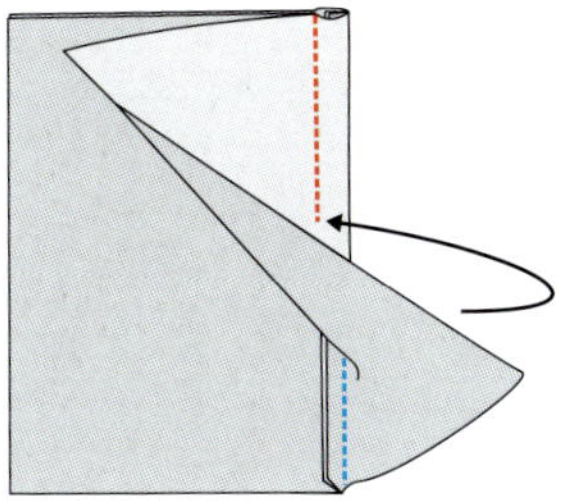

Die Lagen auseinanderklappen und die Naht flach bügeln. Optional kann die Nahtzugabe von rechts abgesteppt werden.

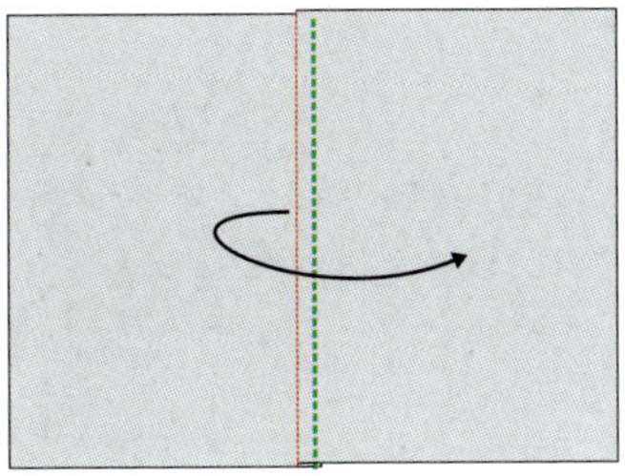

GROSSE TASCHEN

GREAT
EAST AFRICA

STRANDTASCHE

Die große Tasche mit integrierter Außentasche ist ein praktischer Begleiter für deinen Traumurlaub – durch den wasserabweisenden Outdoorstoff bestens gerüstet für Pool & Strand!

Größe: 43 cm breit, 48 cm hoch (ohne Träger), 10 cm tief

MATERIAL

- 138 x 55 cm Outdoorstoff – Weltkarte Teflonbeschichtet (Snaply)
- 3 m Gurtband 40 mm Baumwollmix Soft – Dunkelgrau (Snaply)
- 2 Buchschrauben Silber – 5 mm (Snaply)
- Textilkleber (Gütermann)
- Ahle (Prym)
- Nähgarn Seralon in passenden Farben (Amann Mettler)
- Super Universal-Nadel 80/12 (Schmetz)

ZUSCHNEIDEN

Nahtzugaben siehe Näh-ABC Seite 6.

Outdoorstoff

Auf einheitliche Musterrichtung achten!

- **Vorder-/Rückteil (Teil A):** 55 x 50 cm (2x)
- **Außentasche (Teil B):** 22 x 33 cm (1x)

Gurtband

- **Träger:** 1,50 m (2x)

NÄHEN

1 Bei der Außentasche (Teil B) eine kurze Kante 1,5 cm nach links falten, vorsichtig bügeln (siehe Material-Tipp), dann nochmals 1,5 cm nach links falten und den Umschlag knappkantig feststeppen.

2 Die Außentasche auf das Vorderteil (ein Teil A) stecken (untere kurze Kante bündig und mittig mit der Vordertasche) und an den Seiten feststeppen.

3 Die offenen Enden der Gurtbänder vorsichtig mit einem Feuerzeug abflammen. Für den ersten Träger ein Gurtband rechts und links der Außentasche auflegen – Abstand von den seitlichen Kanten des Vorderteils je 13,5 cm, das Gurtband liegt 1 cm weit auf den seitlichen Kanten der Außentasche, die offenen Gurtbandkanten zeigen nach unten. Das Gurtband mit Textilkleber bis 4 cm unter den oberen Taschenrand aufkleben. Darauf achten, dass der Träger nicht verdreht liegt. Gut trocknen lassen.

4 Schritt 3 für das Rückteil mit dem zweiten Gurtband wiederholen, dabei den Gurt in gleichem Abstand wie beim Vorderteil platzieren.

5 Nun die Gurtbänder schmalkantig aufsteppen, dabei wird gleichzeitig die Außentasche auf dem Vorderteil fixiert.

6 Vorder- und Rückteil der Tasche rechts auf rechts legen und die Teile an den seitlichen Kanten sowie der unteren Kante mit 1 cm Nahtzugabe zusammennähen, die obere Kante bleibt offen.

7 Mit einem Zickzack- oder Overlockstich die Nahtzugaben versäubern (siehe Näh-ABC Seite 9).

8 Tasche auf rechts wenden. Die Ecken jeweils wie für ein Bodendreieck links auf links legen (siehe Näh-ABC Seite 10), die Dreiecke an den seitlichen Kanten je 10 cm weit abstecken und die Bruchkanten entlang dieser Strecken schmalkantig absteppen. Die Dreieckspitze zur Seitennaht hochklappen und mit einer Buchschraube an der Seitennaht fixieren. Dafür an entsprechender Stelle mit der Ahle durch alle Stofflagen stechen und die Buchschraube dann von außen nach innen einsetzen.

9 Die obere Kante der Tasche 1 cm nach links falten, vorsichtig bügeln (siehe Material-Tipp), dann nochmals 1 cm falten und den Umschlag knappkantig feststeppt.

Material-Tipp: Teflonbeschichtete Stoffe nur sehr vorsichtig auf niedriger Stufe bügeln. Dabei ein Bügeltuch auf den Stoff legen.

Näh-Tipp: Beschichtete Stoffe besser mit einem teflonbeschichteten Nähfuß oder einem Obertransportfuß nähen, sodass beide Stofflagen gleichmäßig transportiert werden. Eine große Stichlänge einstellen, damit der Stoff nicht perforiert wird.

MAXI-BAG

Großzügige Aufbewahrungsmöglichkeit bietet dieser Taschen-Riese im Alltag. Bestückt mit unterschiedlich langen Henkeln auch zum Tragen über der Schulter geeignet.

Größe: 58 cm breit, 38 cm hoch (ohne Träger), 28 cm tief

MATERIAL

- 150 x 80 cm Canvas Beschichtet – Blättermix Salbeigrün (Snaply)
- 150 x 80 cm Beschichteter Canvas Viktor – Leinenstruktur Khaki (Snaply)
- 2,80 m Gurtband 25 mm – Khaki (Snaply)
- Nähgarn Seralon (Amann Mettler)
- Super Universal-Nadel 80/12 (Schmetz)

ZUSCHNEIDEN

Nahtzugaben siehe Näh-ABC Seite 6.

Canvas Blättermix

Außentasche

Auf einheitliche Musterrichtung achten!

- **Vorder-/Rückteil (Teil A):** 60 x 40 cm (2x)
- **Seite (Teil B):** 30 x 40 cm (2x)
- **Boden (Teil C):** 60 x 30 cm (1x)

Canvas Leinenstruktur

Futter

- **Vorder-/Rückteil (Teil A):** 60 x 40 cm (2x)
- **Seitenteil (Teil B):** 30 x 40 cm (2x)
- **Boden (Teil C):** 60 x 30 cm (1x)

Gurtband

- **Träger:** 100 cm (2x)
- **Handgriff:** 40 cm (2x)

NÄHEN

1 Für die Außentasche zweimal je ein Seitenteil (B) rechts auf rechts an die 40 cm lange rechte Kante eines Vorder-/Rückteils (A) nähen (1 cm Nahtzugabe), dabei auf die gleiche Musterrichtung achten – an der unteren Kante jeweils nur bis 1 cm vor die Schnittkante nähen, damit später der Boden besser eingesetzt werden kann. Danach diese beiden Teile genauso rechts auf rechts zusammennähen.

2 Mit den Futterteilen das Gleiche wiederholen, dabei einmal eine Wendeöffnung von ca. 20 cm zwischen Teil A und Teil B lassen.

3 Bei Außentasche und Futter jeweils den Boden (C) rechts auf rechts an die untere Kante des Taschenteils stecken und mit 1 cm Nahtzugabe einnähen.

4 Die Schnittkanten der Gurtbänder vorsichtig mit einem Feuerzeug abflammen. Auf der rechten Stoffseite an der oberen Kante des Außentaschen-Vorderteils (A) die Mitte markieren, einen Handgriff rechts und links 7 cm von der Mitte innerhalb der Nahtzugabe mit einem Zickzackstich annähen. Dabei darauf achten, dass der Handgriff sich nicht verdreht. Dann die Enden eines Trägers direkt außen neben dem Handgriff anlegen und ebenfalls in der Nahtzugabe annähen.

5 Den zweiten Handgriff und den zweiten Träger genauso an das Außentaschen-Rückteil nähen.

6 Außentasche und Futter nun rechts auf rechts ineinander stülpen und die oberen Kanten mit 1 cm Nahtzugabe zusammennähen. Die Tasche auf rechts wenden, dann das Futter links auf links in die Außentasche stecken.

7 Damit beim Benützen der Tasche das Futter nicht hervorkommt, dieses mit ein paar kleinen Handstichen durch die Bodenecken, von innen nach außen und zurück, fixieren.

Material-Tipp: Beschichtete Stoffe eignen sich sehr gut für Taschen – sie sind wasserabweisend und können daher gut abgewaschen werden.

Näh-Tipp: Ein Obertransportfuß oder ein teflonbeschichteter Nähfuß sowie eine beschichtete Nadel transportieren beschichteten Stoff perfekt.

FILZKORB

Der Korb aus Wollfilz ist bestens geeignet für die Aufbewahrung von Alltagsdingen, kann aber auch ein stylishes Deko-Objekt sein. Aus wenigen Teilen und ohne Kantenversäuberung schnell genäht!

Größe: 26,5 cm breit, 44 cm hoch, 16,5 cm tief

MATERIAL

- 100 x 45 cm Wollfilz, Hellgrau, 1,5 mm stark (Deco-Line)
- Textilkleber (Gütermann)
- Nähgarn Seralon in passender Farbe (Amann Mettler)
- Universal-Nadel 80/12 (Schmetz)

ZUSCHNEIDEN

Nahtzugaben siehe Näh-ABC Seite 6.

Wollfilz

Vorlagen siehe Seite 25. Die Vorlagen für Vorder-/Rückteil sowie Boden jeweils an der Mitte spiegeln, sodass ganze Schnittteile entsteht.

- **Vorder-/Rückteil (Teil A):** (2x)
- **Boden (Teil B):** (1x)
- **Griffverstärkung (Teil C):** (2x)

NÄHEN

1 Bei den Vorder-/Rückteilen (A) die Griffverstärkungen (C) mit Textilkleber kantenbündig auf die Grifflöcher kleben. Gut trocknen lassen und dann mit 1 cm Abstand zur Schnittkante um das Griffloch steppen.

2 Vorder- und Rückteil rechts auf rechts legen und die Seitennähte steppen (1 cm Nahtzugabe).

3 Die Außenkante des Bodens (B) in vier gleich große Abschnitte einteilen: Den Boden zuerst längs auf die Hälfte falten, dann nochmals quer auf die Hälfte falten. Dabei an den Falzbrüchen immer einen kleinen Knips (5 mm) mit der Schere setzen. Die untere Kante des Korbes ebenfalls vierteln: Die Seitennähte als Markierungspunkte nehmen und auf halber Strecke dazwischen jeweils einen kleinen Knips setzen.

4 Den Boden rechts auf rechts so an die untere Kante des Korbes stecken, dass die Markierungen aufeinandertreffen, und mit 1 cm Nahtzugabe einnähen. Die Nahtzugaben an den Rundungen einschneiden (siehe Näh-ABC Seite 8).

5 Den Filzkorb auf rechts wenden und alle Nähte gut ausformen.

Material-Tipp: Die Griffverstärkung nur bei dünnem Wollfilz anfertigen. Der Korb kann auch mit dickerem Filz gearbeitet werden.

Näh-Tipp: Je dicker der Filz, umso größer sollte die Nadelstärke sein. Dabei dann auch den Nähfaden anpassen.

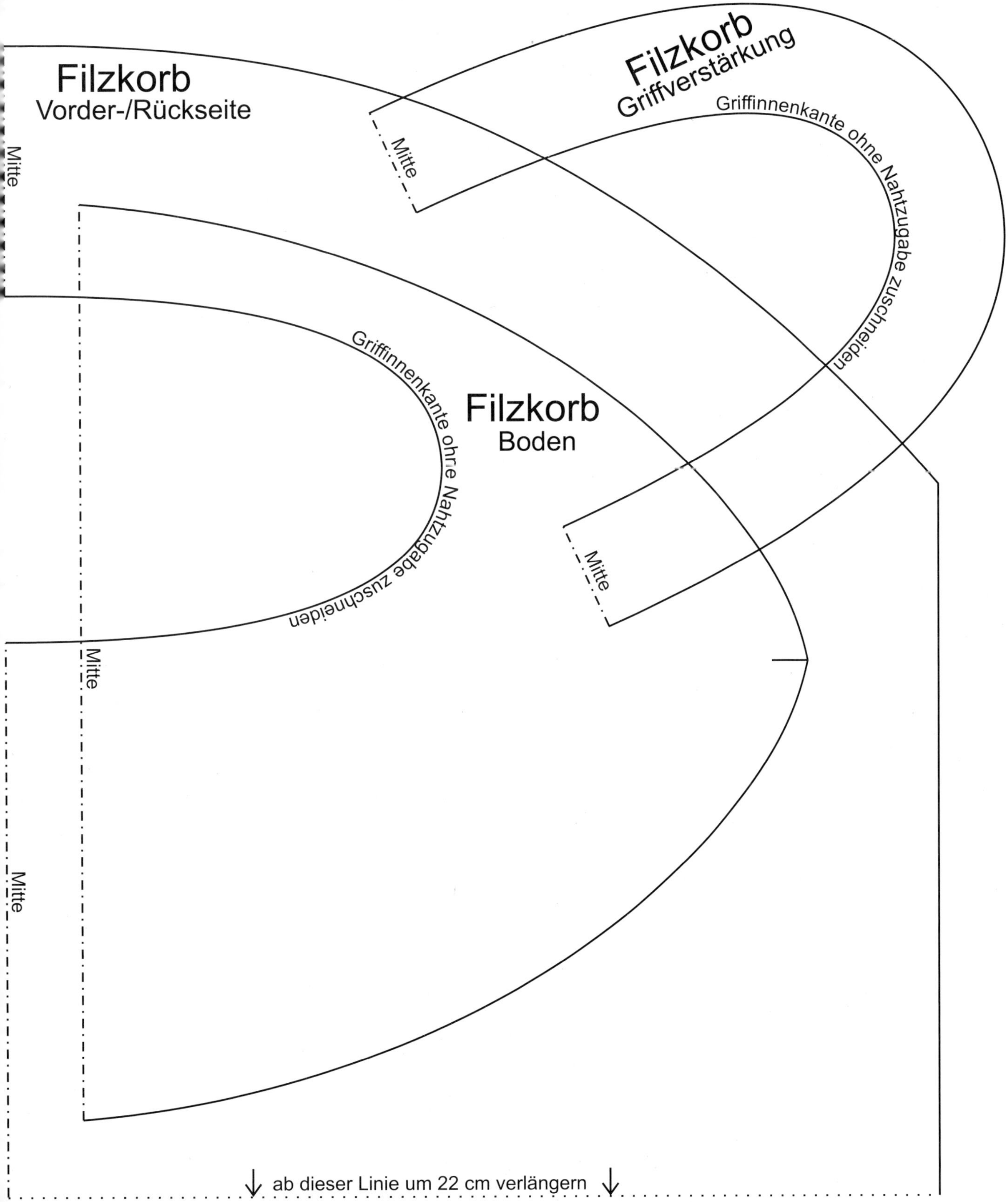

Filzkorb
Vorder-/Rückseite
Mitte
Filzkorb
Griffverstärkung
Mitte
Griffinnenkante ohne Nahtzugabe zuschneiden
Griffinnenkante ohne Nahtzugabe zuschneiden
Filzkorb
Boden
Mitte
Mitte
Mitte
ab dieser Linie um 22 cm verlängern

EXTRAVAGANTE TASCHEN

STEPPTASCHE

Diese gepolsterte Tasche näht sich mit dem vorgefertigten Steppstoff ganz einfach – die unterschiedlich farbigen Schrägbänder machen sie zu einem trendigen Hingucker.

Größe: 40 cm breit, 34 cm hoch (ohne Träger), 13 cm tief

MATERIAL

- 132 x 50 cm Gesteppter Jackenstoff – Streifen Doubleface Schwarz Wattiert (Snaply)
- je ca. 2,20 m vorgefalztes Baumwollschrägband, 20 mm, in Gelb, Pink, Orange und Flieder (z. B. von Prym)
- 1,10 m vorgefalztes Baumwollschrägband, 20 mm, in Schwarz (Deco-Line)
- Nähgarn Seralon in passenden Farben (Amann Mettler)
- Super Universal-Nadel 80/12 (Schmetz)

ZUSCHNEIDEN

Nahtzugaben siehe Näh-ABC Seite 6.

Jackenstoff

- **Vorder-/Rückseite (Teil A):** 42 x 35 cm (2x)
- **Seitenteil (Teil B):** 35 x 15 cm (2x)
- **Boden (Teil C):** 42 x 15 cm (1x)
- **Träger (Teil D):** 85 x 5 cm (2x)

NÄHEN

1 Die langen Kanten der Träger mit Schrägband einfassen, sodass die Kanten versäubert sind und die Wattierung nicht zu sehen ist. Eventuell die Kanten vorher mit schmalem Zickzackstich absteppen, damit die offenen Stoffschichten besser zusammenhalten. Für jede Kante eine der bunten Farben nehmen.

2 Bei allen weiteren Taschenteilen ebenfalls die Schnittkanten bunt einfassen – ausgenommen jeweils die oberen Kanten der Vorder- und Rückseite (Teile A, 42 cm lange Kante) sowie die oberen Kanten der Seitenteile (Teile B, 15 cm lange Kante). Die Schrägbandfarben nach Belieben verteilen.

3 Die Seitenteile (B) mit einer langen Kante jeweils rechts auf rechts an die kurzen Kanten des Vorderteiles (A) nähen (1 cm Nahtzugabe, Nahtanfang und -ende jeweils am Schrägband). Dann die Rückseite ebenso mit den Seitenteilen verbinden.

4 Jetzt den Boden rechts auf rechts einnähen.

5 Je einen Träger mit seinen kurzen Kanten auf der Innenfläche an die obere Kante von Vorder- sowie Rückseite stecken (Abstand zur Seite je 8 cm) und innerhalb der Nahtzugabe knappkantig annähen.

6 Die obere Kante der Tasche rundum mit dem schwarzen Schrägband einfassen.

Material-Tipp: Bei einem Doubleface-Stoff sind beide Stoffseiten verwendbar.

Näh-Tipp: Ein Obertransportfuß, mit dessen Hilfe der Stoff oben und unten gleichmäßig transportiert wird, ist eine große Hilfe bei dickeren, rutschigen Stoffen.

FELLTASCHE

Weich und kuschelig – die Stepplinien im Fell verleihen der Tasche eine schöne Optik, und durch die weiche Haptik liegt sie besonders angenehm in der Hand.

Größe: 38 cm breit, 38 cm hoch (ohne Träger)

MATERIAL

- 85 x 45 cm Kunstfell – Karo Rosa (Snaply)
- 85 x 45 cm Diolenköper – Dunkelbraun (Deco-Line), siehe Material-Tipp
- 1,60 m Gurtband 25 mm – Dunkelbraun (Snaply)
- Nähgarn Seralon in passenden Farben (Amann Mettler)
- Universal-Nadel 80/12 (Schmetz)

ZUSCHNEIDEN

Nahtzugaben siehe Näh-ABC Seite 6.

Kunstfell

Außentasche

Auf einheitliche Strichrichtung achten!

- **Vorder-/Rückteil (Teil A):** 40 x 40 cm (2x)

Diolenköper

Futter

- **Vorder-/Rückteil (Teil B):** 40 x 40 cm (2x)

Gurtband

- 80 cm (2x)

NÄHEN

1 Die Vorder-und Rückteile der Außentasche (A+A) sowie die des Futters (B+B) jeweils rechts auf rechts legen und die seitlichen Kanten sowie die untere Kante mit 1 cm Nahtzugabe zusammennähen. Beim Futter an einer Seite eine Wendeöffnung von 15 cm lassen. Dann die Nahtzugaben an den Ecken kürzen (siehe Nahtzugaben beschneiden, Näh-ABC Seite 8).

2 Die Gurtbänder von rechts an der oberen Kante des Vorder- und Rückteils auf die Futtertasche stecken – jeweils 10 cm vom seitlichen Rand – und innerhalb der Nahtzugabe knappkantig festnähen.

3 Die Taschenbeutel nun rechts auf rechts ineinander stülpen und die obere Kanten mit 1 cm Nahtzugabe zusammennähen.

4 Die Tasche auf rechts wenden, dann das Futter links auf links in die Außentasche stecken. Damit beim Benützen der Tasche das Futter nicht hervorkommt, dieses mit ein paar kleinen Handstichen durch die unteren Ecken fixieren.

Material-Tipp: Diolen ist eine Kunstfaser aus Polyester (65 %); gemischt mit einem Baumwollanteil (35 %) ergibt sich ein strapazierfähiger Stoff mit schöner Haptik und Glanz.

Näh-Tipp: Besser nähen mit einem Obertransportfuß, der bei Kunstfell beide Lagen perfekt transportiert.

CLUTCH

Elegant für den Abend – durch den Glitzerstoff mit fertigem Steppmuster wird ein schicker Akzent gesetzt. Mit moderner Taschenkette versehen, ist die Clutch auch in letzter Minute schnell noch genäht.

Größe: 23 cm breit, 13 cm hoch (ohne Taschenkette)

MATERIAL

- 30 x 45 cm Gesteppter Jackenstoff – Rosa Metallic gefüttert (Snaply)
- Taschenkette 6 mm Silber, 128 cm lang (Snaply)
- Wonder Tape (Snaply)
- 5 cm Klettband 20 mm – Rosa (Snaply)
- Nähgarn Seralon in Rosa (Amann Mettler)
- Super Universal-Nadel 80/12 (Schmetz)

ZUSCHNEIDEN

Nahtzugaben siehe Näh-ABC Seite 6.

Jackenstoff

- **Taschenteil:** 25 x 38,5 cm

NÄHEN

1 Das Taschenteil rundum mit einem Zickzackstich versäubern.

2 Das Klettband auf 1 cm Breite verschmälern. Das Klettstück des Klettbandes mit Wonder Tape auf der rechten Seite des Taschenteiles an der oberen Kante (das ist die 25 cm lange Kante) festkleben (0,5 cm von der oberen Kante und mittig) und schmalkantig festnähen.

3 Das Flauschstück des Klettbandes ebenso im Abstand von 10 cm zur unteren Kante auf dem Taschenteil fixieren.

4 Für den Taschenbeutel nun die untere Kante des Taschenteils 12,5 cm rechts auf rechts falten und die Seiten mit 0,75 cm Nahtzugabe festnähen.

5 Für den Saum der Taschenklappe das Gleiche an der oberen Kante des Taschenteils wiederholen: 2 cm rechts auf rechts falten und die Seiten mit 0,75 cm Nahtzugabe festnähen.

6 Nun den Taschenbeutel sowie den Saum auf rechts umstülpen, die Ecken und Kanten sauber ausformen. Die Saumschnittkante mithilfe von Wonder Tape an der Klappe festkleben.

7 Die seitlichen Kanten der Taschenklappe 0,75 cm breit nach innen einschlagen und feststecken. Nun die Außenkanten der Klappe von rechts absteppen: Dafür an einer Seite, oberhalb des Taschenbeutels beginnend, die erste Seite der Klappe bei 0,5 cm ab Kante, dann den Saum bei 2 cm ab Kante, und die zweite Seite der Klappe wieder bei 0,5 cm ab Kante feststeppen.

8 Von Hand und mit doppeltem Nähgarn die D-Ringe der Taschenkette auf Höhe des Taschenbeutelendes von außen auf der Rückseite der Tasche rechts und links festnähen. Taschenkette einhängen und diese bei Bedarf kürzen.

Material-Tipp: Wattierte Stoffe müssen nicht mit einem Vlies verstärkt werden!

Näh-Tipp: Mit dem Paspelfuß, oft auch als der ungleiche Nähfuß bezeichnet, kann das Klettband präziser aufgenäht werden.

PRAKTISCHE TASCHEN

MESH-BEUTEL

Als Hommage an die Heimat mausert sich dieser Beutel zu einem unverzichtbaren Accessoire im Alltag – passend für Sportzeug oder auch als Wäschebeutel.

Größe: 36 cm breit, 37 cm hoch

MATERIAL

- 85 x 10 cm Baumwollstoff – Schwarz (Deco-Line)
- 85 x 20 cm Mesh Fabric Netzstoff Weiß (Snaply)
- 85 x 25 cm von 1 Panel Baumwolle/Leinen Motiv „Schwarzwaldliebe" Weiß-Schwarz (Deco-Line)
- 1 m Kordel Baumwolle 5 mm – Rot (Snaply)
- 8 Ösen mit Scheiben 8 mm (Prym)
- Vario Zange (Prym)
- Trickmarker (Prym)
- Nähgarn Seralon in passenden Farben (Amann Mettler)
- Universal-Nadel 80/12 (Schmetz)

ZUSCHNEIDEN

Nahtzugaben siehe Näh-ABC Seite 6.

Baumwollstoff Schwarz

- **Vorder- und Rückteil (Teil A):** 40 x 7 cm (2x)

Netzstoff

- **Vorder- und Rückteil (Teil B):** 40 x 17 cm (2x)

Panel Baumwolle/Leinen

- **Vorder- und Rückteil (Teil C):** 40 x 22 cm (2x)

NÄHEN

1 Vorderseite: Ein Teil Netzstoff (B) mit einer langen Kante rechts auf rechts an die obere lange Kante eines Panel-Teils (C) nähen, Nahtzugaben vorsichtig zum Panel-Teil bügeln und die Naht auf der Panelseite knappkantig absteppen.

2 Einen Baumwollstreifen (A) rechts auf rechts an die offene lange Kante des Netzstoffs (B) nähen, Nahtzugaben vorsichtig auf die Seite des Baumwollstreifens bügeln und die Naht auf der Baumwollseite knappkantig absteppen.

3 Die obere Kante der Vorderseite (Teil A) 1 cm nach links falten, bügeln, dann nochmals 1 cm nach links falten und den Umschlag knappkantig feststeppen.

4 Rückseite: Die Schritte 1–3 wiederholen.

5 Vorder- und Rückseite des Beutels rechts auf rechts legen und an der langen Kante des Panel-Teils (C) zusammennähen. Nahtzugaben gemeinsam versäubern.

6 Die Seitennähte jeweils mit der französischen Naht nähen (siehe Näh-ABC Seite 11), dabei darauf achten, dass die Teilungsnähte von Vorder- und Rückseite jeweils exakt aufeinandertreffen.

7 Die Ösen laut Herstelleranleitung in gleichmäßigen Abständen einsetzen (vier vorne und vier hinten) und die Kordel einziehen.

Näh-Tipp: Mit der französischen Naht gelingt ein schöner Kantenabschluss bei durchsichtigen Werkstücken, die nicht gefüttert werden (siehe Näh-ABC Seite 11).

Heimat

DO
what you
LOVE

WENDETASCHE

Zwei Looks mit einer Tasche – je nachdem, wie sie gewendet wird.
Die coolen Reflektorbügelbilder auf der Outdoorseite sorgen zudem noch für Sicherheit bei schlechtem Wetter.

Größe: 38 cm breit, 43 cm hoch (ohne Träger)

MATERIAL

- 95 x 50 cm Leichter Canvas Viktor – Leinenstruktur Naturell (Snaply)
- 95 x 50 cm Cotton Kobayashi Modern Flowers – Black (Atelier Nuno)
- 1 Label (3,5 x 4,5 cm) aus dem SnapPap Label Bogen – Lettering (Snaply)
- 6 x 5 cm Schabrackeneinlage S 320 (Vlieseline)
- 1 Patch „Reflex Rollschuh" (Snaply)
- 1 Patch „Reflex Sprechblase" (Snaply)
- Wendestäbchen (Prym)
- Nähgarn Seralon in passenden Farben (Amann Mettler)
- Universal-Nadel 80/12 (Schmetz)

ZUSCHNEIDEN

Nahtzugaben sieheNäh-ABC Seite 6.

Canvas
- **Vorder-/Rückteil (Teil A):** 40 x 45 cm (2x)
- **Träger (Teil B):** 6 x 40 cm (2x)

Cotton
- **Vorder-/Rückteil (Teil C):** 40 x 45 cm (2x)
- **Träger (Teil D):** 6 x 40 cm (2x)

NÄHEN

1 Auf beide Teile A die Patches laut Herstelleranweisung aufbügeln.

2 Auf der linken Stoffseite eines Teiles C die Einlage an der geplanten Position des Labels aufbügeln. Das Label mit einem schmalen Zickzackstich auf die rechte Stoffseite nähen.

3 Pro Taschenbeutel jeweils die Vorder- und Rückteile (A+A bzw. C+C) rechts auf rechts legen und die seitlichen Kanten sowie die untere Kante mit 1 cm Nahtzugabe zusammennähen. Die Ecken kappen (siehe Nahtzugaben beschneiden, Näh-ABC Seite 8).

4 Die Träger nähen: dafür jeweils ein Teil B und ein Teil D rechts auf rechts legen und die langen Kanten mit 1 cm Nahtzugabe steppen. Die Streifen mithilfe des Wendestäbchens auf rechts drehen, dann links auf links im Nahtbruch flach bügeln.

5 Die Träger auf einen der beiden Taschenbeutel nähen: An Vorder- und Rückteil jeweils 10 cm von den seitlichen Nähten entfernt rechts auf rechts (die gleichen Stoffe liegen aufeinander) feststecken und innerhalb der Nahtzugabe knappkantig festnähen.

6 Die Taschenbeutel nun rechts auf rechts ineinander stülpen und die oberen Kanten mit 1 cm Nahtzugabe zusammennähen. Zwischen den Trägern an einer Stelle eine Wendeöffnung lassen.

7 Taschenbeutel auf rechts wenden, dann links auf links ineinander stülpen. Die Nahtzugaben an der Wendeöffnung nach innen einschlagen. Die obere Kante rundum knappkantig absteppen, dabei wird die Wendeöffnung verschlossen.

Näh-Tipp: Damit beim Benutzen bzw. Wenden der Tasche die Innenseite nicht hervorkommt, diese mit ein paar kleinen Handstichen durch die unteren Ecken, von innen nach außen und zurück, fixieren.

COLOUR BLOCK BAG

Vier Farben einer Stoffqualität werden hier in einer trendigen Tasche kombiniert. Wer es ganz bunt mag, kann bei diesem Modell Stoffreste verarbeiten.

Größe: 25 cm breit, 30 cm hoch (ohne Träger), 8 cm tief

MATERIAL

- 110 x 35 cm Baumwolle Leander in Beige (Snaply)
- 75 x 20 cm Baumwolle Leander in Rose (Snaply)
- 95 x 20 cm Baumwolle Leander in Dunkellila (Snaply)
- 105 x 20 cm Baumwolle Leander in Sand (Snaply)
- 80 x 60 cm Schabrackeneinlage S 320 (Vlieseline)
- Bügellineal (Prym)
- Wendestäbchen (Prym)
- Nähgarn Seralon in passenden Farben (Amann Mettler)
- Universal-Nadel 80/12 (Schmetz)

ZUSCHNEIDEN

Nahtzugaben siehe Näh-ABC Seite 6.

Baumwolle Beige

- **Außentasche (Teil A):** 35 x 15 cm (2x)
- **Futtertasche (Teil D):** 35 x 30 cm (2x)

Baumwolle Rose

- **Außentasche (Teil B):** 35 x 15 cm (2x)

Baumwolle Dunkellila

- **Außentasche (Teil C):** 35 x 15 cm (2x)
- **Innentasche (Teil E):** 20 x 15 cm (1x)

Baumwolle Sand

- **Träger (Teil F):** 100 x 15 cm (1x)

Schabrackeneinlage S 320

- **Futter (Teil D):** 33 x 28 cm (4x)
- **Träger (Teil F):** 50 x 6 cm (2x)

NÄHEN

1 Schabrackeneinlage mittig auf die linke Seite der Teile D (Futtertasche) bügeln – Nahtzugaben bleiben frei.

2 Die Innentasche (E) mit Zickzack- oder Overlockstich rundum versäubern. Die obere Kante mithilfe des Bügellineals 1 cm nach links umbügeln und den Umschlag feststeppen = Eingriffkante. Die restlichen Kanten ebenfalls 1 cm umbügeln. Die Innentasche von rechts auf eines der Teile D stecken (von oberer Kante 6 cm, seitlich links und rechts 9 cm abmessen) und an den drei umgebügelten Kanten feststeppen.

3 Beide Futterteile (D) rechts auf rechts legen, mit 1 cm Nahtzugabe an den seitlichen Kanten sowie der unteren Kante zusammennähen. Die Ecken für die Bodendreiecke abstecken (siehe Näh-ABC Seite 10), auf 8 cm abnähen und abschneiden.

4 Am Träger (F) die Schabrackeneinlage mittig aufbügeln. Träger rechts auf rechts längs in der Mitte falten und die langen Kanten mit 1 cm Nahtzugabe zusammennähen. Träger mithilfe des Wendestäbchens wenden. Den Träger links auf links so flach legen, dass die Naht in der hinteren Mitte liegt. Bügeln.

5 Die Teile A sowie die Teile B jeweils rechts auf rechts legen und die kurzen Kanten zusammennähen (1 cm Nahtzugabe). Nahtzugaben auseinanderbügeln. Die Enden des Trägers bei Ring A von rechts mittig auf die Seitennaht legen – Schnittkanten liegen unten bündig – und feststecken. Ring B rechts auf rechts an diese lange Kante des Rings A stecken, dabei darauf achten, dass sich die Seitennähte treffen, und rundum annähen. Nahtzugaben in den Ring B legen und die Naht schmalkantig absteppen.

6 Beide Teile C an den kurzen Kanten rechts auf rechts zusammennähen, Nahtzugaben auseinanderbügeln, dann diesen Ring rechts auf rechts an den Ring B nähen. Dabei wieder darauf achten, dass sich die Seitennähte treffen; die Naht danach absteppen.

7 Die Bodennaht rechts auf rechts schließen und die Bodendreiecke, wie bei der Futtertasche beschrieben, abnähen.

8 Die obere Kante der Tasche 2 cm nach links falten, bügeln und dann nochmals 4 cm falten. Die Futtertasche links auf links in die Außentasche einlegen, ihre obere Kante unter den Umschlag schieben, dann den Umschlag feststecken. Den Umschlag einmal schmalkantig und einmal 4 mm breit absteppen – dabei wird die Futtertasche fixiert.

9 Die Träger jeweils mit einem durchkreuzten Quadrat von 6 x 6 cm (erst das Quadrat, dann die Diagonalen nähen) auf dem Ring A fixieren.

Material-Tipp: Die Schabrackeneinlage für den Träger kann in der Mitte angestückelt werden, dabei einfach Stoß an Stoß bügeln. Somit kann beim Kauf Material gespart werden.

SCHICKE TASCHEN

RETROTASCHE

Das coole grafische Muster des japanischen Stoffes gibt dieser Tasche ihren speziellen Charme – als Begleiter für kleine Shoppingtouren oder zum Ausgehen.

Größe: 42 cm breit, 33 cm hoch (ohne Träger), 20 cm tief

MATERIAL

- 130 x 40 cm Baumwoll-/Leinenstoff Kokka Maru Red (Atelier Nuno)
- 130 x 40 cm Baumwollstoff in Schwarz (Deco-Line)
- 35 x 25 cm Schabrackeneinlage S 320 (Vlieseline)
- 90 x 40 cm Volumenvlies H 630 (Vlieseline)
- 1,20 m Gurtband 25 mm - Schwarz (Snaply)
- 1 Color Snap in Schwarz (Prym)
- Vario Zange mit Color Snaps Werkzeug (Prym)
- Pfriem (Prym)
- Nähgarn Seralon in passenden Farben (Amann Mettler)
- Universal-Nadel 80/12 (Schmetz)

ZUSCHNEIDEN

Vorlagen siehe Seite 59. Nahtzugaben siehe Näh-ABC Seite 6.

Baumwoll-/Leinenstoff Kokka Maru Red

Außentasche

- **Vorder-/Rückseite:** im Stoffbruch (2x)
- **Boden:** im Stoffbruch (1x)

Baumwollstoff in Schwarz

Futter

- **Vorder-/Rückseite:** im Stoffbruch (2x)
- **Boden:** im Stoffbruch (1x)

Volumenvlies H 630

- **Vorder-/Rückseite:** ohne Nahtzugabe im Stoffbruch (2x)

Schabrackeneinlage S 320

- **Boden:** ohne Nahtzugabe im Stoffbruch (1x)

NÄHEN

1 Bei den Teilen für die Außentasche das Volumenvlies jeweils auf die Vorder- und Rückseite, außerdem die Schabrackeneinlage auf den Boden bügeln (Nahtzugaben immer frei lassen).

2 Vorder- und Rückseite der Außentasche rechts auf rechts legen und die Seitennähte steppen (1 cm Nahtzugabe).

3 Die Außenkante des Bodenteils in vier gleich große Abschnitte einteilen: Den Boden zuerst längs auf die Hälfte falten, dann nochmals quer auf die Hälfte falten. Dabei an den Falzbrüchen immer einen kleinen Knips (5 mm) mit der Schere setzen. Die untere Kante der Außentasche ebenfalls vierteln: Die Seitennähte als Markierungspunkte nehmen und auf halber Strecke dazwischen jeweils einen kleinen Knips setzen.

4 Den Boden rechts auf rechts so an die untere Kante der Außentasche stecken, dass die Markierungen aufeinandertreffen, und mit 1 cm Nahtzugabe einnähen.

5 Das Futter wie die Außentasche nähen, jedoch an einer Seitennaht eine Wendeöffnung von ca. 15 cm lassen.

6 Die Außentasche auf rechts wenden. Das Gurtband von rechts innerhalb der Nahtzugabe mit einer Naht an der Außentasche (siehe Schnittmuster) fixieren, dabei darauf achten, dass sich das Band nicht verdreht.

7 Die Außentasche rechts auf rechts in das Futter stecken und die oberen Kanten (inkl. der Trägerkanten) mit 1 cm Nahtzugabe zusammennähen. Über die Wendeöffnung die gesamte Tasche auf rechts drehen, dann das Futter links auf links in die Außentasche stülpen. Die Nahtzugaben der Wendeöffnung nach innen einschlagen. Die obere Taschenkante rundum knappkantig absteppen.

8 An der oberen Taschenkante mittig und 3 cm unterhalb den Color Snap laut Herstellerangaben als Verschluss anbringen.

Näh-Tipp: Damit beim Benutzen der Tasche das Futter nicht hervorkommt, dieses seitlich punktuell mit ein paar kleinen Handstichen durch die Bodennaht, von innen nach außen und zurück, fixieren.

Material-Tipp: Einlagen und Vliese immer nach Herstellerangaben aufbügeln – zu finden als Kurzanleitung an der Kante aufgedruckt oder bei den Produktinformationen im Internet.

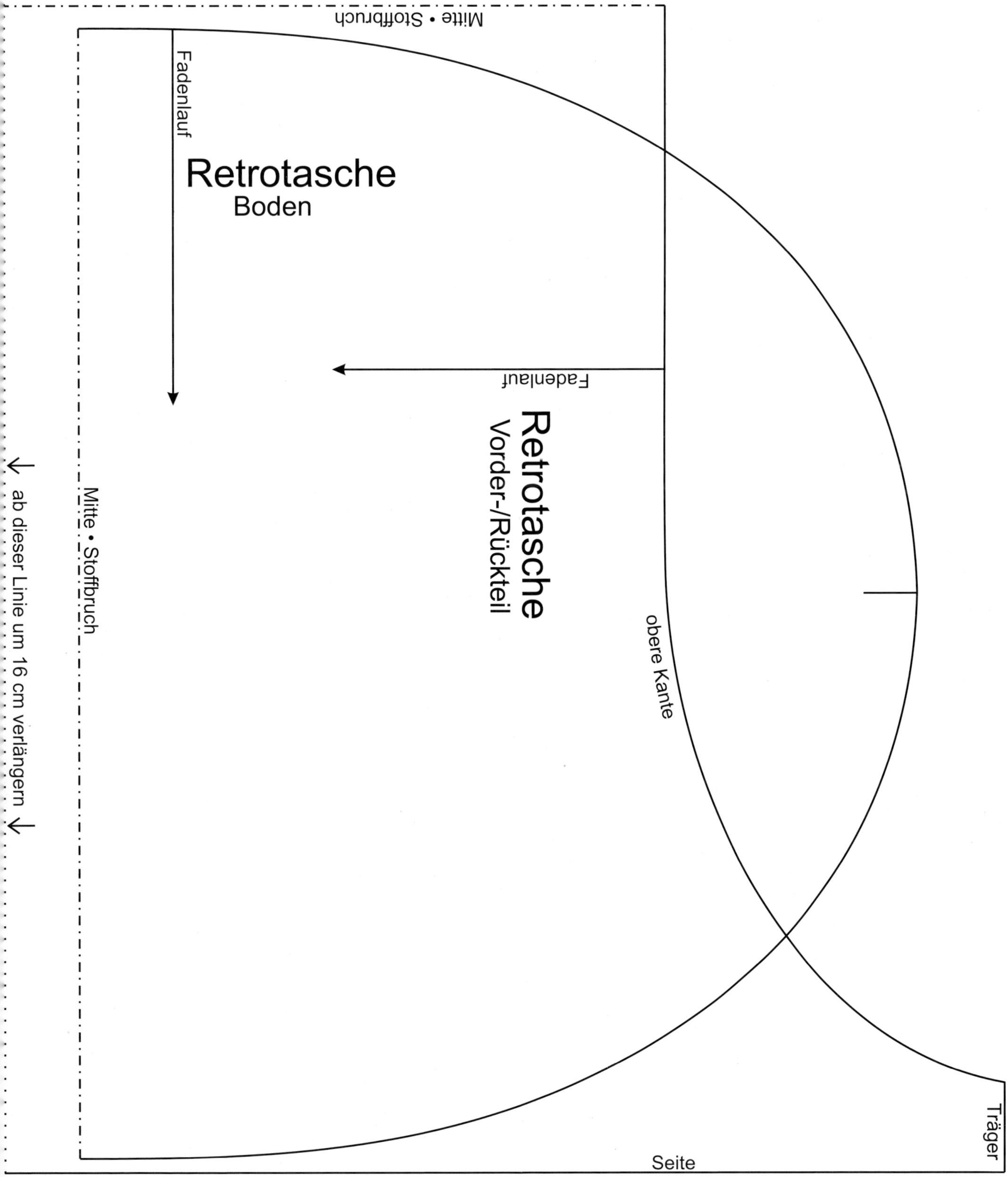
Mitte • Stoffbruch
Fadenlauf
Retrotasche
Boden
Fadenlauf
Retrotasche
Vorder-/Rückteil
obere Kante
Mitte • Stoffbruch
ab dieser Linie um 16 cm verlängern
Träger
Seite

SLING BAG

Asiatisches Flair bringt diese Tasche mit sich. Da sie sogar gewendet werden kann, kommen beide schönen Stoffe zu ihrem Recht.

Größe: 28 cm breit, ca. 35 cm hoch, 8 cm tief

MATERIAL

- 85 x 55 cm Baumwollstoff Soft Cotton Crane Flowers – Pink (Atelier Nuno)
- 85 x 55 cm Canvas Kokka Echino Silver Dots - Pink (Atelier Nuno)
- Nähgarn Seralon in passenden Farben (Amann Mettler)
- Wendeset (Prym)
- Universal-Nadel 80/12 (Schmetz)

ZUSCHNEIDEN

Vorlage siehe Seite 63. Für ein komplettes Schnittmuster die Vorlagen a und b an der Mittellinie zusammenkleben und wie angegeben verlängern. Pro Stoff müssen die Zuschnitte ein seitengespiegeltes Paar sein. Nahtzugaben siehe Näh-ABC Seite 6.

Baumwollstoff Soft Cotton

Außentasche

- **Vorder-/Rückteil:** (1x)
- **Vorder-/Rückteil:** (1x, seitengespiegelt)

Canvas Kokka Echino

Futter

- **Vorder-/Rückteil:** (1x)
- **Vorder-/Rückteil:** (1x, seitengespiegelt)

NÄHEN

1 Die Außentaschenteile rechts auf rechts legen, dann die Lagen entlang der Seiten ab Pfeil (siehe Schnittmuster) bis zur unteren Kante mit 1 cm Nahtzugabe zusammennähen.

2 Bei der Futtertasche gleich verfahren, dabei jedoch eine Wendeöffnung in der Mitte der unteren Kante lassen.

3 Die Bodenecken bei beiden Taschen abstecken (siehe Näh-ABC Seite 10), auf 4 cm abnähen und kürzen.

4 Die Außentasche wenden, rechts auf rechts in die Futtertasche stecken und jeweils die Innenrundung mit 1 cm Nahtzugabe nähen. Dabei ab und bis zum Eckpunkt (siehe Schnittmuster) nähen. Dann die restliche Träger-Seitennaht zusammennähen, auch nur bis zum Eckpunkt.

5 Die Rundung einschneiden (siehe Näh-ABC Seite 8).

6 Die Tasche so wenden, dass die Futtertasche außen ist – dabei für die Träger die Wendestäbchen benützen. Die Nahtzugaben der Wendeöffnung nach innen legen und die Bruchkanten knappkantig zusammensteppen.

7 Die kurzen Trägerkanten der Außentasche rechts auf rechts zusammennähen, dabei die Nahtzugabe vom Träger der Futtertasche nach innen klappen. Außenträger auseinanderziehen und die Nahtzugabe in eine Richtung in die Öffnung legen. Ebenfalls eine Nahtzugabe des Futterträgers einschieben, die andere nach links einschlagen und danach die Kante von Hand mit dem Matratzenstich (siehe Näh-ABC Seite 9) annähen. Den zweiten Träger genauso nähen.

Näh-Tipp: Öffnungen können von Hand mit dem Matratzenstich, auch Leiterstich genannt, geschlossen werden – das ergibt eine unsichtbare Naht.

Material-Tipp: Für die Futtertasche einen kräftigen Baumwollstoff verwenden, das gibt der Tasche einen festeren Stand.

Trägernaht
Fadenlauf
Trägernaht
Fadenlauf
Sling Bag
Vorder-/Rückteil a
Sling Bag
Vorder-/Rückteil b
ab dieser Linie um 23 cm verlängern
Seite
Mitte
Mitte
ab dieser Linie um 23 cm verlängern

CASUAL BAG

Die außergewöhnliche Form dieser Tasche gibt ihr einen ganz individuellen Look. Auf den großen Flächen kommen die Muster des Panelstoffs besonders gut zur Geltung.

Größe: 21 cm breit, ca. 43 cm hoch, 21 cm tief

MATERIAL

- 125 x 50 cm Canvas Nabana Echino – Braun (Atelier Nuno)
- 125 x 50 cm Diolenköper – Dunkelbraun (Deco-Line)
- Wendeset (Prym)
- Nähgarn Seralon in passenden Farben (Amann Mettler)
- Universal-Nadel 80/12 (Schmetz)

ZUSCHNEIDEN

Nahtzugaben siehe Näh-ABC Seite 6.

Canvas

Außentasche

- **Vorder-/Rückteil:** im Stoffbruch (4x)
- **Boden:** im Stoffbruch (1x)

Diolenköper

Futter

- **Vorder-/Rückteil:** im Stoffbruch (4x)
- **Boden:** im Stoffbruch (1x)

NÄHEN

1 Alle Vorder-/Rückteile der Außentasche nacheinander an den Seiten rechts auf rechts zusammennähen (1 cm Nahtzugabe) – an der unteren Kante jeweils nur bis 1 cm vor die Schnittkante nähen, damit der Boden besser eingesetzt werden kann – und mit der letzten Naht zum gesamten Taschenkörper schließen.

2 Das Gleiche mit den Futterteilen wiederholen, dabei an einer Seite eine Wendeöffnung von 15 cm lassen.

3 Die Futtertasche auf rechts wenden, in die Außentasche stecken und die Rundungen mit 1 cm Nahtzugabe nähen. Dabei stets nur bis zum Eckpunkt (siehe Schnittmuster) nähen.

4 Die Rundung einschneiden (siehe Näh-ABC Seite 8).

5 Die Tasche so wenden, dass die Futtertasche außen ist – dabei für die Träger die Wendestäbchen benützen. Die Nahtzugaben der Wendeöffnung nach innen legen und die Bruchkanten knappkantig zusammensteppen.

6 Die kurzen Trägerkanten der Außentasche zusammennähen, dabei die Nahtzugabe vom Träger der Futtertasche nach innen klappen. Außenträger auseinanderziehen und die Nahtzugabe in eine Richtung in die Öffnung legen. Ebenfalls eine Nahtzugabe des Futterträgers einschieben, die andere nach links einschlagen und danach die Kante von Hand mit dem Matratzenstich (siehe Näh-ABC Seite 9) annähen. Den zweiten Träger genauso nähen.

Näh-Tipp: Öffnungen können von Hand mit dem Matratzenstich, auch Leiterstich genannt, geschlossen werden – das ergibt eine unsichtbare Naht.

Material-Tipp: Für die Futtertasche einen kräftigen Baumwollstoff verwenden, das gibt der Tasche einen festeren Stand.

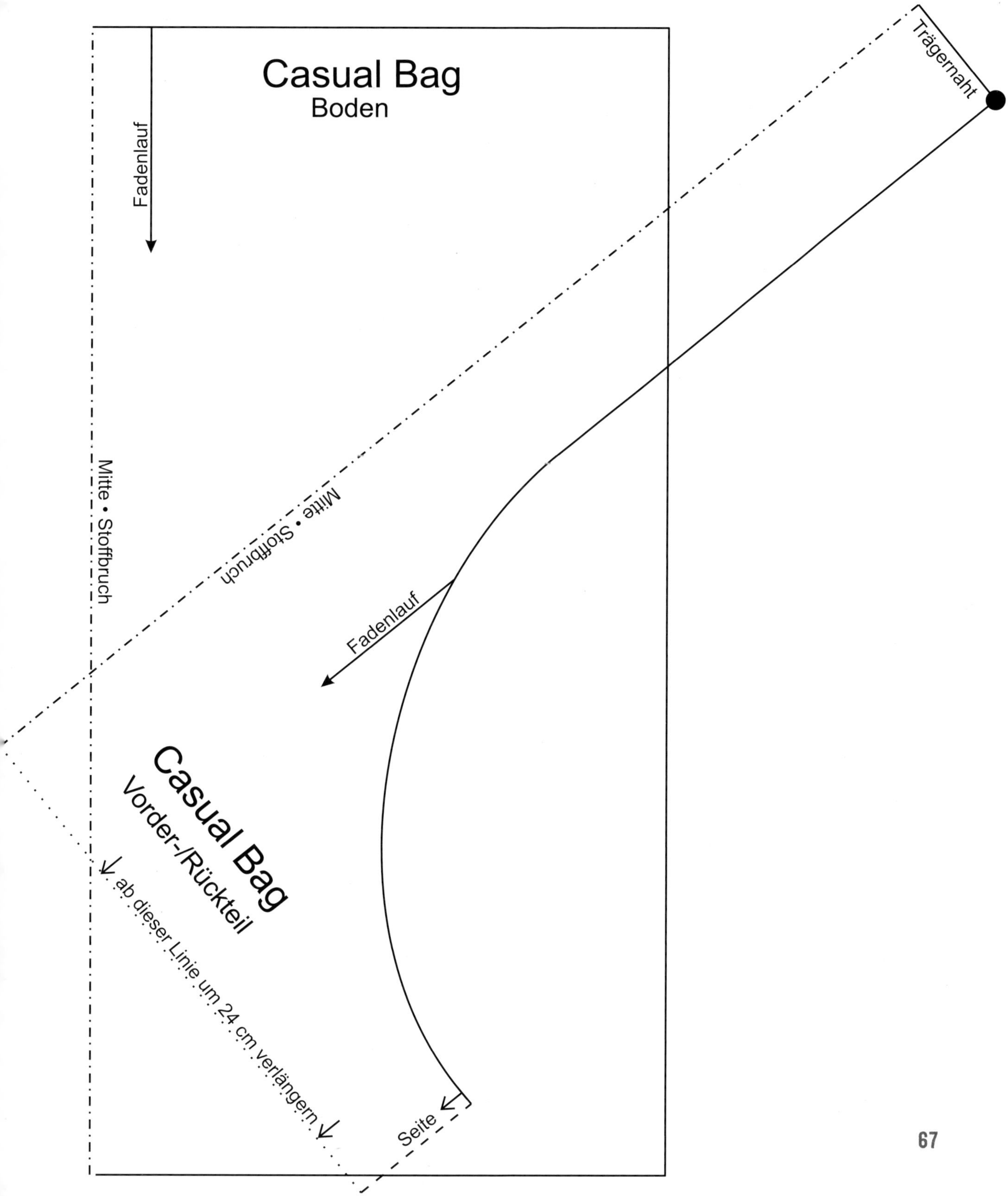
Casual Bag
Boden
Fadenlauf
Mitte • Stoffbruch
Trägernaht
Mitte • Stoffbruch
Fadenlauf
Casual Bag
Vorder-/Rückteil
ab dieser Linie um 24 cm verlängern
Seite

STYLISHE TASCHEN

CORD-RUCKSACK

Durch das Trendmaterial Cord wird ein schlichter Rucksack zum Hingucker.
In der praktischen Reißverschlusstasche ist alles sicher aufgehoben.

Größe: 38 cm breit, ca. 38 cm hoch

MATERIAL

- 142 x 45 cm Cord Carole – Washed Cord 4,5 mm Fuchsia (Snaply)
- Reißverschluss 25 cm – Grau (Snaply)
- 1,40 m Gurtband 25 mm – Mausgrau (Snaply)
- 1 m Kordel Baumwolle 5 mm – Dunkelgrau (Snaply)
- 2 Kordelenden 4 mm – Gunmetal (Snaply)
- Wonder Tape (Snaply)
- 2 Ösen mit Scheiben 8 mm (Prym)
- Vario Zange (Prym)
- Trickmarker (Prym)
- Sicherheitsnadel (Prym)
- Nähgarn Seralon in passenden Farben (Amann Mettler)
- Super Universal-Nadel 80/12 (Schmetz)

ZUSCHNEIDEN

Nahtzugaben siehe Näh-ABC Seite 6.

Cord

Auf einheitliche Strichrichtung und den Verlauf der Cord-Rippe achten!

- **Vorder-/Rückteil (Teil A):** 40 x 40 cm (2x)
- **Vordertasche, obere Partie (Teil B):** 24 x 7 cm (1x)
- **Vordertasche, untere Partie (Teil C):** 24 x 17 cm (1x)
- **Klappe (Teil D):** 26 x 26 cm (2x)

NÄHEN

1 Die Teile B und C mit einem Overlook- oder einem Zickzackstich rundum versäubern.

2 Für die Vordertasche die untere Kante des Teils B sowie die obere Kante des Teils C je 1 cm nach links umbügeln, dann die Kanten mit Wonder Tape von rechts auf das Reißverschlussband kleben und schmalkantig feststeppen.

3 Die noch offenen Kanten der Vordertasche 1 cm nach links umbügeln. Die Vordertasche von der unteren Kante 6 cm entfernt und mittig auf das Vorderteil (A) stecken und rundum festnähen.

4 Für den Kordeltunnel jeweils die obere Kante des Vorderteils und des Rückteils zuerst 1 cm und dann nochmals 3 cm nach links bügeln. Am Vorderteil die Mitte der oberen Kante markieren, rechts und links davon 2 cm messen sowie von der unteren Bügelkante 0,5 cm nach oben, und die Stellen mit dem Trickmarker markieren. Den Umschlag auffalten und die Ösen laut Anleitung des Herstellers von der rechten Stoffseite aus an den markierten Stellen einsetzen.

5 Ein Klappenteil rechts auf rechts auf die Hälfte legen, 8 cm an der Längsseite abmessen, dann zur kurzen Kante hin eine Rundung aufmalen und die Ecke wegschneiden. Das zweite Klappenteil genauso zuschneiden.

6 Die Klappenteile rechts auf rechts zusammennähen, die gerade Kante oben bleibt offen. Die Nahtzugabe einschneiden (siehe Näh-ABC Seite 8), Klappe wenden, gut bügeln und die genähten Kanten schmalkantig absteppen. Die offenen oberen Kanten können optional mit einem Overlook- oder einem Zickzackstich gemeinsam versäubert werden.

7 Die obere Kante der Klappe 1 cm nach links umbügeln, dann die Klappe mit dieser Kante bei umgebügelter Nahtzugabe auf das Rückteil stecken (ab dem gebügelten Kordeltunnel-Umschlag 6 cm nach unten und mittig) und festnähen.

8 Für die Träger das Gurtband in zwei Stücke (75 cm) teilen und die Enden abflammen. Je einen Träger von rechts auf dem Vorderteil des Rucksacks an die untere Kante stecken. Für die Platzierung die Außenkante der Vordertasche als Orientierung nutzen. Gurtbandenden innerhalb der Nahtzugabe mit einem Zickzackstich fixieren.

9 Vorder- und Rückteil des Rucksacks nun rechts auf rechts stecken, dabei darauf achten, dass der Kordeltunnel-Umschlag jeweils aufgeklappt ist. Mit 1 cm Nahtzugabe die Lagen an den seitlichen Kanten sowie an der unteren Kante zusammennähen. Die Schnittkanten gemeinsam mit Zickzackstich versäubern.

10 Den Kordeltunnel-Umschlag wieder einlegen und rundum knappkantig feststeppen.

11 Trägerenden auf das Rückteil nähen. Vom Klappenrand 5 cm nach unten abmessen und mit einem durchkreuzten Quadrat (erst ein Quadrat, dann die Diagonalen nähen) feststeppen.

12 Kordel mithilfe einer Sicherheitsnadel einziehen. Die Kordelenden anbringen.

Material-Tipp: Beim Zuschneiden von Cord ist es wichtig, dass alle Teile im selben Fadenlauf geschnitten werden, da Cord eine Strichrichtung aufweist.

Näh-Tipp: Mit einem Reißverschlussfuß gelingt das Einsetzen von Reißverschlüssen präzise. Der schmale Fuß kommt sehr nah an die Zähne heran und so kann der Stoff gut angenäht werden.

OILSKIN-RUCKSACK

Oilskin bekommt durch die Verarbeitung helle Knicklinien, was den gewünschten Used-Look noch verstärkt! Auch die umgeschlagene Verschlusspartie kann sich sehen lassen!

Größe: 32 cm breit, 31 cm hoch, 8 cm tief

MATERIAL

- 90 x 60 cm Dry Oilskin heavy – Grau (Snaply)
- 90 x 55 cm Baumwolle Hirsch in Punkten in Schwarz-Pink (Deco-Line)
- 2,10 m Gurtband 25 mm - Pink (Snaply)
- 2 Klemmschnallen 25 mm Gunmetal (Snaply)
- 2 Magnetverschlüsse 18 mm Brüniert (Snaply)
- Nähgarn Seralon in Pink (Amann Mettler)
- Super Universal-Nadel 80/12 (Schmetz)

ZUSCHNEIDEN

Nahtzugaben siehe Näh-ABC Seite 6.

Oilskin

Außentasche

- **Rückteil (Teil A):** 42 x 17 cm (1x)
- **Rückteil (Teil B):** 42 x 37 cm (1x)
- **Vorderteil (Teil C):** 42 x 52 cm (1x)

Baumwolle

Futter

- **Vorder-/Rückseite (Teil D):** 42 x 52 cm (2x)

Gurtband Beachte den Näh-Tipp!

- **Aufhänger:** 30 cm (1x)
- **Träger:** 45 cm (4x)

NÄHEN

1 Beide Futterteile (D) rechts auf rechts legen und mit 1 cm Nahtzugabe an den seitlichen Kanten sowie der unteren Kante zusammennähen – dabei in der Mitte der unteren Kante ca. 12 cm zum Wenden offen lassen. Die Ecken für Bodendreiecke abstecken (siehe Näh-ABC Seite 10), auf 8 cm abnähen und abschneiden. Futtertasche auf rechts wenden.

2 Beim Aufhängergurtband die mittleren 20 cm längs zur Hälfte falten und diese Strecke knappkantig zusammensteppen. Den Aufhänger von rechts auf die untere lange Kante des Teils A legen (Gurtbandenden rechts und links 3 cm von der Mitte aus positionieren) und innerhalb der Nahtzugabe die Gurtbandenden flach festnähen. Dabei darauf achten, dass sich der Aufhänger nicht verdreht.

3 Die vier Gurtbänder für die Träger folgendermaßen aufnähen: Auf dem Teil B zwei Gurtbänder an der oberen langen Kante je 13 cm von der Seite aus positionieren, an der unteren langen Kante zwei Gurtbänder je 11 cm von der Seite aus, dann innerhalb der Nahtzugabe die Gurtbandenden flach festnähen.

4 Teil A mit der unteren Kante rechts auf rechts an die obere Kante des Teils B legen und mit 1 cm Nahtzugabe annähen. Nahtzugaben in das Teil A legen und die Naht knappkantig in Kontrastfarbe absteppen.

5 Die Rückseite (A+B) rechts auf rechts auf die Vorderseite (C) legen und an den seitlichen Kanten sowie der unteren Kante mit 1 cm Nahtzugabe zusammennähen. Dabei darauf achten, dass die Gurtbänder nicht mit eingenäht werden! Die Ecken für Bodendreiecke abstecken (siehe Näh-ABC Seite 10), auf 8 cm abnähen und abschneiden.

6 Die Magnetverschlüsse laut Herstelleranleitung in die Futter- sowie in die Außentasche einsetzen (Futtertasche 2 cm vom oberen Rand, mittig. Außentasche 1 cm vom oberen Rand sowie 19 cm vom oberen Rand).

7 Die Innentasche rechts auf rechts in die Außentasche stecken. Die oberen Kanten mit 1 cm Nahtzugabe zusammennähen. Gesamten Rucksack über die Wendeöffnung auf rechts wenden und diese dann mit einer Naht schließen. Innentasche links auf links in die Außentasche stülpen, die obere Kante im Nahtbruch flach legen und knappkantig absteppen.

8 Gurtbandenden der Träger wie folgt fixieren: Das von oben kommende Gurtband um den oberen Steg der Klemmschnalle fädeln, erst 1,5 cm falten, dann 3 cm falten und mit einem durchkreuzten Quadrat (erst ein Quadrat, dann die Diagonalen nähen) auf der Rückseite des von oben kommenden Gurtbandes feststeppen. Das von unten kommende Gurtband von innen nach außen über den unteren Steg der Klemmschnalle fädeln, Bandende 2 cm einfalten und den Einschlag mit einem durchkreuzten Quadrat feststeppen.

Material-Tipp: Oilskin erhält durch die Verarbeitung hellere Knicklinien. Dies ist kein Qualitätsmangel, sondern eine typische Eigenschaft von Oilskin und betont seinen trendigen Used-Look.

Näh-Tipp: Nach dem Zuschneiden die Gurtbandenden mit einem Feuerzeug abflämmen, damit sie nicht ausfransen.

MATCHSACK

Das Kultobjekt aus den 80er-Jahren – umgesetzt mit frischen Farbakzenten und einem abwaschbaren Taschenstoff ist er wieder up to date.

Größe: 48 cm hoch, 28 cm Ø

MATERIAL

- 125 cm x 55 cm Rucksack- und Taschenstoff Simon – Herringbone Dunkelgrau Melange (Snaply)
- 65 cm Gurtband 25 mm – Pink (Snaply)
- 1 m Flach- und Hoodiekordel 20 mm Uni – Pink (Snaply)
- 2 Kordelenden 4 mm Gunmetal (Snaply)
- Wonder Clips – Stoffklammern (Snaply)
- 8 Ösen mit Scheiben 8 mm (Prym)
- Vario Zange (Prym)
- Trickmarker (Prym)
- Nähgarn Seralon in passenden Farben (Amann Mettler)
- Super Universal-Nadel 80/12 (Schmetz)

ZUSCHNEIDEN

Nahtzugaben siehe Näh-ABC Seite 6.

Taschenstoff

- **Taschenkörper:** 90 x 50 cm (1x)
- **Boden:** Kreis mit Radius von 15 cm, siehe Näh-ABC Seite 10 (1x)

NÄHEN

1 Am Taschenkörper (A) die obere lange Kante 4 cm nach links umschlagen und knappkantig feststeppen. Danach das Teil an den kurzen Kanten rechts auf rechts legen und zusammennähen (1 cm Nahtzugabe). Diese Naht ist die hintere Mitte des Taschenkörpers.

2 Die Gurtbandenden abflammen. Das eine Ende von rechts, unten mittig, auf die Naht der hinteren Mitte stecken und innerhalb der Nahtzugabe feststeppen.

3 Das zweite Gurtbandende von rechts, oben mittig und bündig mit der oberen Kante auf die Naht der hinteren Mitte stecken und mit einem durchkreuzten Quadrat (erst ein Quadrat, dann die Diagonalen nähen) feststeppen.

4 Die Außenkante des Bodenteils (B) in vier gleich große Abschnitte einteilen: Den Boden auf die Hälfte falten, dann nochmals quer auf die Hälfte falten. Dabei an den Falzbrüchen immer einen kleinen Knips (5 mm) mit der Schere setzen. Die untere Kante des Taschenkörpers ebenfalls vierteln:
Das Teil im Nahtbruch links auf links flach legen und an der Bruchkante einen Knips setzen. Dann öffnen und nochmals so links auf links legen, dass die Naht und der Knips aufeinandertreffen und auch die neuen Bruchkanten mit einem Knips markieren.

5 Den Boden rechts auf rechts so an die untere Kante des Taschenkörpers stecken, dass die Markierungen aufeinandertreffen, und mit 1 cm Nahtzugabe einnähen. Nahtzugaben einschneiden (siehe Näh-ABC Seite 8).

6 Die Ösen laut Anleitung des Herstellers gleichmäßig verteilt entlang der oberen Kante einsetzen. Dafür mit der ersten Öse 5,5 cm ab der hinteren Mitte gemessen beginnen, dann jeweils im Abstand von 11 cm die restlichen Ösen einsetzen.

7 Die Kordel, von der vorderen Mitte aus, fortlaufend durch die Ösen fädeln. Die Kordelenden einzeln verknoten (evtl. abflammen).

Material-Tipp: Bei beschichteten Stoffen Stoffklammern – auch Wonder Clips genannt – zum Fixieren benützen. Diese hinterlassen keine Löcher im Material.

Näh-Tipp: Besser nähen mit einem teflonbeschichteten Nähfuß oder einem Obertransportfuß, sodass beide Stofflagen gleichmäßig transportiert werden.

KLEINE TASCHEN

POMPADOUR-TASCHE

In der Zeit des Rokokos noch unter weiten Röcken versteckt, darf sich dieser nette Handgelenksbeutel heute stolz zeigen. Die Kordel dient zugleich als Verschluss und Träger.

Größe: ca. 15 cm breit, 20 cm hoch

MATERIAL

- 55 x 55 cm Baumwollstoff Schwarzwald mit rotem Bollenhut (Deco-Line)
- 55 x 55 cm Baumwollstoff Tannenwald Hellgrau (Deco-Line)
- 1 m Kordel Baumwolle 5 mm – Rot (Snaply)
- 2 Kordelenden mit Kappe – Schwarz (Snaply)
- 6 x 3 cm Schabrackeneinlage S 320 (Vlieseline)
- 2 Ösen mit Scheiben 8 mm (Prym)
- Zackenschere (Prym)
- Vario Zange (Prym)
- Trickmarker (Prym)
- kleine Sicherheitsnadel
- Nähgarn Seralon in passenden Farben (Amann Mettler)
- Universal-Nadel 80/12 (Schmetz)

ZUSCHNEIDEN

Nahtzugaben siehe Näh-ABC Seite 6.

Baumwollstoff Schwarzwald

- **Außenseite:** Kreis mit Radius von 25 cm, siehe Näh-ABC Seite 10 (1x)

Baumwollstoff Tannenwald

- **Futter:** Kreis mit Radius von 25 cm, siehe Näh-ABC Seite 10 (1x)

Schabrackeneinlage S 320

- **Ösenverstärkung:** 3 x 3 cm (2x)

NÄHEN

1 Den Außenseitenkreis links auf links zur Hälfte falten und an den Bruchkanten innerhalb der Nahtzugabe je einen Knips (5 mm) einschneiden. Bei den Knipsen jeweils ein Stück Schabrackeneinlage im Abstand von 3 cm zur Außenkante auf die linke Stoffseite bügeln (= die Einlagen liegen sich am Kreis gegenüber). Dann die Ösen von rechts an den verstärkten Stellen im Abstand von 4 cm zur Außenkante laut Anleitung des Herstellers einsetzen.

2 Das Futter rechts auf rechts auf den Außenkreis stecken und die Lagen mit 1 cm Nahtzugabe zusammennähen, dabei eine Wendeöffnung von 10 cm frei lassen.

3 Die Nahtzugaben mit der Zackenschere zurückschneiden. Den Kreis auf rechts wenden und bügeln, die Nahtzugaben der Wendeöffnung nach innen legen.

4 Die Außenkante knappkantig absteppen, dabei wird die Wendeöffnung geschlossen.

5 Für den Kordeltunnel nun eine zweite Naht in einem Abstand von 4,5 cm zur ersten Naht steppen.

6 Die Kordel halbieren. Eine Kordel mithilfe der Sicherheitsnadel von einer Öse aus rundum in den Kordeltunnel einführen, durchziehen und an der gleichen Öse wieder ausführen. Beide Kordelenden gemeinsam in einen Kordelstopper einlegen. Die zweite Kordel von der zweiten Öse aus genauso einziehen und in den zweiten Kordelstopper einlegen.

Material-Tipp: Ösen mit einer Einlage unterlegen, dann reißen sie nicht so leicht aus.

Näh-Tipp: Beim Absteppen von zwei verschiedenfarbigen Stofflagen den Ober- bzw. Unterfaden passend zur jeweiligen Stofffarbe wählen.

MINI-TASCHE & SCHLÜSSELBAND

Praktisch und schnell genäht – aus Glitzerkunstleder entstehen diese zwei kleinen Accessoires. Auch super als Geschenk geeignet!

Größe: Mini-Tasche 10 cm breit, 7 cm hoch
Schlüsselband: 2,5 cm breit, ca. 14 cm lang

MATERIAL

Nahtzugaben siehe Näh-ABC Seite 6.

Mini-Tasche

- 20 x 12 cm Glitzer Vinyl Rosa (Snaply)
- 1 Kam Snap Herzen – Rosa (Snaply)
- Vario Zange mit Color Snaps Werkzeug (Prym)
- Pfriem (Prym)
- Nähgarn Seralon in passender Farben (Amann Mettler)
- Wonder Clips – Stoffklammern (Snaply)
- Super Universal-Nadel 80/12 (Schmetz)

Schlüsselband

- 25 x 2,5 cm Glitzer Vinyl Rosa (Snaply)
- 26 x 3 cm Filz hellgrau meliert 1,5 mm (Deco-Line)
- Textilkleber (Gütermann)
- 1 Schlüsselband Rohling 25 mm (Snaply)
- Schlüsselband Rohling Zange (Snaply)
- Nähgarn Seralon in passenden Farben (Amann Mettler)
- Super Universal-Nadel 80/12 (Schmetz)

ZUSCHNEIDEN

Vorlage siehe Seite 91.

Mini-Tasche

Kunstleder

- **Taschenteil:** ohne Nahtzugabe (1x)

Schlüsselband

Kunstleder

- **Streifen:** 25 x 2,5 cm (1x)

Filz

- **Streifen:** 26 x 3 cm (1x)

NÄHEN

Mini-Täschchen

1 Die Markierungen für die Falzkante und den Kam Snap auf das Taschenteil übertragen.

2 Für den Taschenbeutel die untere Kante an der Falzkante links auf links falten, die seitlichen Kanten mit Stoffklammern fixieren, dann schmalkantig zusammensteppen.

3 Den Kam Snap laut Herstellerangaben an Klappe und Vorderteil des Taschenbeutels befestigen.

Schlüsselband

1 Den Vinylstreifen mit Textilkleber mittig auf den Filzstreifen kleben, gut trocknen lassen, dann knappkantig feststeppen und den überstehenden Filz kantenbündig abschneiden.

2 Den Streifen zur Hälfte falten (Filz liegt innen) und den Schlüsselband-Rohling mit der Zange an den doppelt liegenden kurzen Kanten befestigen.

Material-Tipp: Vinyl oder Kunstleder eignen sich sehr gut für kleine Accessoires, da die Schnittkanten nicht versäubert werden müssen.

Näh-Tipp: Besser nähen mit einem teflonbeschichteten Nähfuß oder einem Obertransportfuß, sodass beide Stofflagen gleichmäßig transportiert werden.

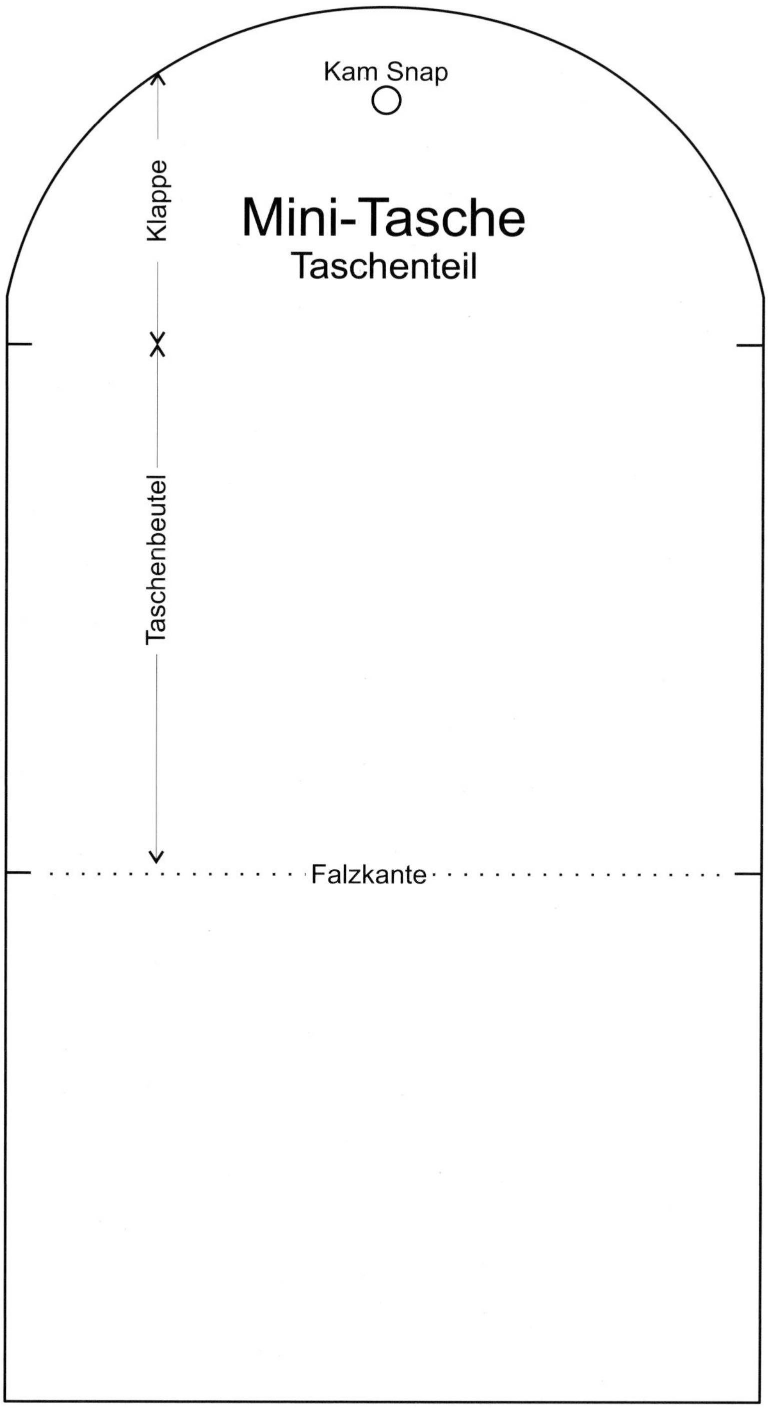
Kam Snap
Klappe
Mini-Tasche
Taschenteil
Taschenbeutel
Falzkante

INNENORGANIZER

Mit dem Innenorganizer wandern die Lieblingsutensilien schnell von einer Tasche zur anderen und sind so direkt wieder verfügbar.

Größe: 22 cm breit, 16 cm hoch, 16 cm tief

MATERIAL

- 65 x 55 cm Schurwollfilz – zweifarbig Double Pink/Grau (Deco-Line)
- Nähgarn Seralon in passenden Farben (Amann Mettler)
- Universal-Nadel 90/12 (Schmetz)

ZUSCHNEIDEN

Laut Vorlagen (siehe Seite 95) das schwarze Rechteck 3x, das graue Quadrat 2x und die Taschenteile 1 und 2 je 1x kopieren. Keine Nahtzugabe hinzufügen. Für das Organizerschnittteil die grauen und schwarzen Teile entsprechend der Skizze auf Seite 94 zusammenkleben. Nahtzugaben siehe Näh-ABC Seite 6.

Wollfilz

- **Organizer:** (1x)
- **Tasche 1:** 18 x 10 cm (2x)
- **Tasche 2:** 10 x 10 cm (2x)

NÄHEN

1 Die Taschen 1 laut Skizze auf die linke Stoffseite (pink) und die rechte Stoffseite (grau) des Organizers nähen – einmal mit grauer Vorderseite auf Pink, einmal bei der gegenüberliegenden Randfläche umgekehrt. Obere Kanten jeweils als Eingriff offen lassen. Die Taschen nach Wunsch mittig absteppen, um eine Unterteilung zu bekommen.

2 Auch die Taschen 2 laut Skizze aufnähen – einmal mit grauer Vorderseite auf Pink, einmal bei der gegenüberliegenden Randfläche umgekehrt.

3 Die Seitennähte des Organizers schließen, dafür die Kanten der Randflächen jeweils links auf links stecken und schmalkantig absteppen.

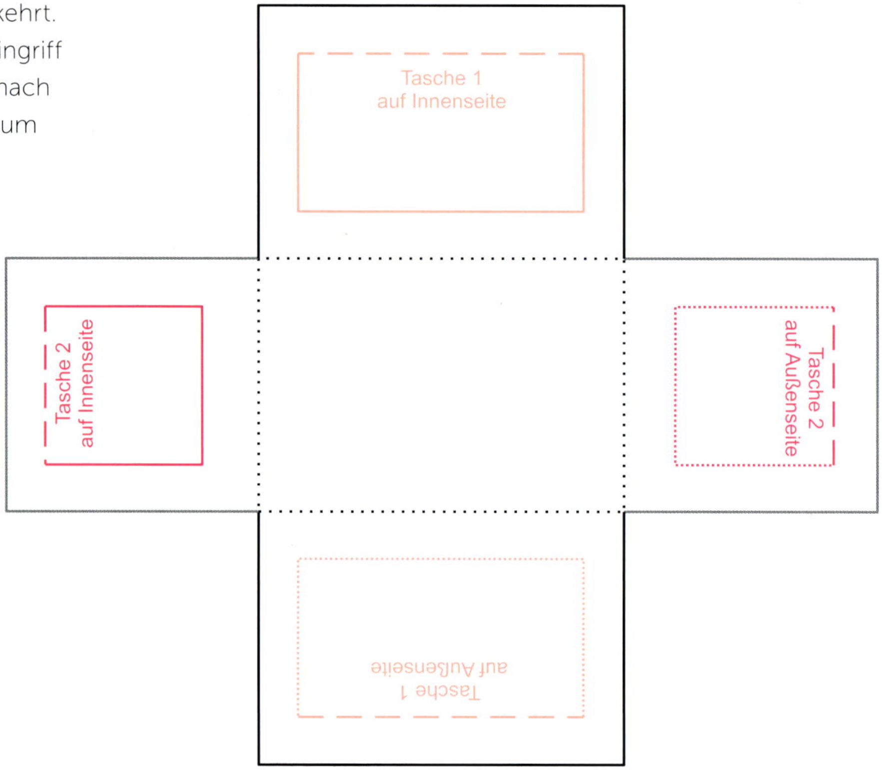

Material-Tipp: Wendestoffe, auch Double Face-Stoffe genannt, sind beidseitig verwendbar.

Näh-Tipp: Mit einem Schmalkantfuß können die Taschen präzise aufgenäht werden.

Innenorganizer

Tasche 2

Innenorganizer

Tasche 1

IMPRESSUM

Fotos & Styling: Anne Schulz
Projektmanagement & Lektorat: A. Reuß
Korrektorat: Brigitte Schnock
Umschlaggestaltung: Andreas Kersten
Satz: Silke Schüler
Repro: LUDWIG:media
Herstellung: Julia Hegele
Printed Türkyie by Elma Basim

In diesem Buch wird aus Gründen der besseren Lesbarkeit das generische Maskulinum verwendet. Weibliche und anderweitige Geschlechteridentitäten werden dabei ausdrücklich mitgemeint, soweit es für die Aussage erforderlich ist.

Die Deutsche Nationalbibliothek verzeichnet diese Publikation in der Deutschen Nationalbibliografie; detaillierte bibliografische Daten sind im Internet über http://dnb.d-nb.de abrufbar.

Unser komplettes Programm finden Sie unter

www.christophorus-verlag.de

★★★★★

Sind Sie mit diesem Titel zufrieden? Dann würden wir uns über Ihre Weiterempfehlung freuen.
Erzählen Sie es im Freundeskreis, berichten Sie Ihrem Buchhändler oder bewerten Sie bei Onlinekauf. Und wenn Sie Kritik, Korrekturen, Aktualisierungen haben, freuen wir uns über Ihre Nachricht an: Christian Verlag, Postfach 40 02 09, 80702 München oder per E-Mail an lektorat@verlagshaus.de.

DANK
Vielen Dank den Sponsoren für die wundervollen Materialien und dem ganzen Redaktions- und Fotografenteam für ihre Arbeit und Hilfe.

BEZUGSQUELLEN

- Amann Handel GmbH, amann-mettler.com (Garne)
- Atelier Nuno, atelier-nuno.com (Stoffe)
- Deco-Line, deco-line.de (Stoffe)
- Ferd. SCHMETZ GmbH, schmetz.com (Nähnadeln)
- Freudenberg Performance Materials Apparel GmbH & Co. KG, vlieseline.com (Vliese)
- Gütermann GmbH, guetermann.com (Textilkleber)
- Prym Consumer Europe GmbH, prym.de (Werkzeug)
- Snaply GmbH, snaply.de (Stoffe & Kurzwaren)

ISBN 978-3-8410-6763-0

Kreativ-Service

Sie haben Fragen zu unseren Büchern und Materialien? Wir beraten Sie gern rund um alle Kreativthemen. Rufen Sie uns einfach an. Wir interessieren uns auch für Ihre eigenen Ideen und Anregungen. Sie erreichen uns per E-Mail kreativ-service@c-verlag.de oder unter der Telefonnummer 0049-89-1306 99 577.

Besuchen Sie uns im Internet: www.christophorus-verlag.de & www.selbstgemacht.de